SUNLIGHT
HOUSES

LAS VILLAS BLANCAS

monsa

SUNLIGHT HOUSES
Copyright © 2010 Instituto Monsa de Ediciones

Editor, concept and project director
Josep Maria Minguet

Design and layout
Santi Triviño. Equipo editorial Monsa
Carlos Maurette y Guillermo Díaz. Estudio Octavio Mestre

Translation
Babyl traducciones

729.
28
MES

405157

Cover photo: Manu Pineda
Back cover: Jordi Miralles

INSTITUTO MONSA DE EDICIONES, S.A.
Gravina 43
08930 Sant Adrià de Besòs
Barcelona
Tel. +34 93 381 00 50
Fax +34 93 381 00 93
monsa@monsa.com
www.monsa.com

ISBN 978-84-96823-72-3

DL-B-36.964-2010

Printed by / Impreso por
Bigsa

Sunlight houses...

This book gathers some of the houses we have designed and built over 25 years into the profession. As the book is aimed towards a younger audience, possibly students of architecture and related disciplines, it puts as much special emphasis on the final result as it does in mental and operative processes. Thus in some cases 3D images and models are shown - we are the type of architects who still make models for all our projects, as we understand that a model allows for a real approximation to volume that often time a good 3D ends up hiding. These working models don't always respond to the version built in the end. The text that accompanies the projects being examined here aims to provide the keys that approximate the world of ideas (what is behind that being seen) and also explain the contingencies which come up when carrying them out, which must be forever battled against (students don't usually imagine these).

Before finishing my career, I began to give classes at the Architecture School of Barcelona, and since then I have always maintained to my teaching ties at several different European and American universities. In the 2008-2009 term - and after having been jury president for the "Single-family home grand prize of Languedoc Roussillon"-, the 2nd year students at the Montpellier School of Architecture (France), under the tutelage of Nicolas Crégut, devoted a quadrimester to the monographic study of our single-family homes, a course we called "White Villas" and which today lends its name to this book. The title made reference to that other book by Le Corbusier (When the Cathedrals were White) and the Tom Wolfe's chapter from From Bauhaus to Our House in which he describes the arrival of the modern architects from Central Europe to America in the 40's as the arrival of the "the white gods" (his description of F L Wright's response to these new rivals is priceless). And he backs a color which is the very essence of the Mediterranean now being threatened by those in the government who prefer to vindicate earth tones (obligating, this is the bad part) in order to "integrate architecture into a certain neo-rural context". This gave rise to the article closing this book that has been published in different media as a response to such a prohibition.

The 1st never-built version of the San Feliu de Codines house (1987) demonstrates the willingness to acknowledge the terrain over which it would stand, while the second, the built version, is what I refer to as "the possible real", a house in which, despite being quite different from the first, displays the same concerns to separate "the parents' house" (permanent occupancy) from "the kids' house", to which they would only come on weekends (and not always). The ideas of the back patio, which helps visually extend the house towards both sides, and the roof, going against the grain to make the house open to the landscape, would be a constant feature in many other houses to come.

For the house in L'Ametlla del Vallés (1989-1990), there were up to 3 versions that never ended up getting built, and in this measure the house represents so many other never-built projects that have not been included here for lack of space. It is funny how the first projects were never built, while the later ones, still in the project stages, didn't get their built versions shown in the monograph either... seen in this light, things tend to end up how they began. This book shows the first version's floor plan (a guest pavilion in the garden that was joined to the main house, enlarged by a wall

which gradually is buried) and a photo of the model of the second version, which had a 4-car garage added to the pavilion. The entire house has a grass-covered roof, except for the triangle piece finished in copper, with the pretension that when it oxidized, it too would blend into the terrain, disappearing into the vegetation. Discretion is always tasteful. And good manners as well, without giving up the right to express ourselves.

The house in Santa Mª de Cubelles (1995-1997) is one of the more "cubic" ones we have done. In fact, it is two houses, two rectangular boxes of various proportions joined through a completely transparent porch. It is worth pointing out how the house's main floor plan sits atop the floor below (as it does in the San Feliu house) to play with shadows throughout the day, so much that it actually becomes a sundial. The lap lane in the swimming pool is well differentiated from the recreational area to better optimize usage and have minimal water consumption. Sustainability, "avant la lettre".

In the Valldoreix house (1998-2001), for the first time we tried inverting the normal order, which wasn't natural, but why shouldn't it be? We situated the bedrooms below the living room to provide it with better views. Gaining three meters is sometimes the difference between having and not having a view over the valley. The volumes of the house were set in cascade to boost the idea of space (the true luxury of houses), stretching the volume to what the ordinance would allow.

I have no doubt that the Andratx house (2000-2005) has been not only one of the most beautiful, but also one of the most complicated management projects we have had in our entire careers. Houses get complicated more because of the clients than problems with the terrain, building codes or lack of resources. What merit we had (we are not responsible for the marvelous views, nor the superb setting of a house facing the sea) perhaps lies in the fact that the house itself did not suffer (it is not to blame) what we suffered through while building it.

The single-family home in Goyrans in southern France on the other side of the Pyrenees (2001-2003) set out to recognize the topography by setting the different functions of the house in separate bodies, acknowledging each the contours over which they stood, as if they were "fingers running over the landscape". It was as if the house, more than just a house, was itself a constructed landscape. It's funny how sometimes we are given more freedom when it comes time to build if we come from abroad than when we are the local architects.

The single-family home in Maresme (2002-2004) is one of the smallest (its relative size can be seen on the poster than comes with the book) and yet it is one of the most radical and of which we feel most proud. The parents' and kids' houses are separated by a shield which cuts the house in two, a slice of light which we used to install the inside staircase below a skylight, as if it were a Gordon Matta Clark installation.

The two single-family homes that we built in the complex we erected in Port d'Aro (2002-2004) are an example of what happens when urban development directs architecture and the zeal governments seem to have today regulates everything (heaven help us...). One occupied the entire parcel which we had available, while the other was divided into 2 houses (a

2-for-1 in the strictest sense of the word). In the latter we aimed to break up the symmetry that seemed to permeate the project, which can be seen by their respective chimneys.

The 15 single-family homes in Arenys de Mar (2003-2007) had 3 possible typologies determined by the access surrounding the various plots and multiple variations that would be specified as the houses were sold and their final owner became known to us. This is what happens when you work without knowing the end user, something more common when dealing with apartments, but less common when handling that dream, the one which all of us have, the one of having your own home. Our client had to be convinced of the need to make different houses, not to charge him more fees (as he thought), but because who would pay us for the boredom of having to make 15 identical houses?

Among the single-family homes, one of the most radical was built in Coma-Ruga (2004-2006). Much like a Moebius strip, the house is folded up, without lifting our hand from the paper, to make floors, walls and ceilings. The staircase, located right in the center, functions as a pole or skewer to anchor the house to the terrain.

In the San Feliu de Guixols house (2004-2007), we demolished the existing building to put forth a dwelling to, acknowledging the superb location, take advantage of the magnificent views (the house has sea views on both sides). The limited program allowed for the resulting space to be unusually spacious in respect to the other houses shown here...

The single-family home in Pineda de Mar (2004-2007) is a periscope and therefore opens up to the landscape to acknowledge, in its way, the triangular plot on which it stands. This is a house that barely has a single facade and where, as if it were a trick of the eye, the space which should be taken up by sliding slat blinds -the owner could not afford them at the time of construction - was painted dark to create the effect of trimming the structure, heightening its box-like effect.

Italo Calvino, in his magnificent book Invisible Cities, has Marco Polo describe all the cities he has seen in his travels... all except one. As Kublai Khan reminds him, his native Venice, a city which he never speaks about, is always present in all the descriptions of the other, only because it is his city... So it is, after this house that I built for my family in Tamariu (2004-2008), all houses will either be big or small, spread over the terrain or concentrated in one spot. All that is not ours will be compared with this house.

A garden pavilion always has a bit of a folly about it: it is the occasion to develop the sort of powerful ideas which serve to sprout other seeds. In the years of plenty, this pavilion next to a single-family home in L' Ametlla del Vallès (2005-2006) allowed us to study the possibility of working with siliconate glass on both faces so that the unit would attain the necessary privacy from neighbors and seem like a block of excavated glass. Although it could not be brought to bear due to the price or the weight of the solution itself, it opened the door for us onto another application that we are currently developing on a grand scale in an office building for Inmobiliaria Colonial. Never is effort useless or done in vain.

If modern war has coined the term "collateral damage", there also exists what is called "taking advantage of synergy", joining forces, optimizing resources. The second of the houses built in Tamariu (2005-2008) arose from the fruit of working on our own home and an eye for cutting costs as much as possible, adapting to standard measurements (something similar to those in market cuisine working with seasonal produce).

The single-family home in San Cugat (2005-2009) is the swan song of years of frenetic activity (housing took a long time to end, due to the generalized crisis). It was born from a formal image of the material used in the Tamariu house and insists in the dialogue between these same materials - white rendering and cor-ten steel, lain vertically in this case. The house is laid out around a double-high vestibule that sometimes acts as a library. The pool, located on the roof to ensure full sunlight, has a glass sidewall where sunlight can filter through as it sets in the afternoon, producing reflections, shadows and tricks of the light against the white wall on the other side, converting the entire vestibule into a natural projection screen.

In the second of the San Feliu de Guíxols house that we include in this book (2007), we went "black", which many of us whites habitually do (to continue Eto´o's joke, the former FCB player who said that he had to run like a black man to live like a white). For the house, located on a plot with a pronounced slope, we proposed raising the floor of the entrance to cover the constructed area (something which I had already put forth in the final project for the Carretera de las Aguas), while a side staircase follows it down to the sea. The project aimed to establish the bases and reach a consensus with the client and friend about the ideas while another architect, who had already been commissioned, would end up building it. I never went to see how it turned out (much how you never get together with your ex's).

For the project of the Collbató house (2008-2009) we show 2 versions: the first that enclosed the pre-existing structure in a wooden skin, in front of which was a cor-ten volume to be used as a dining room (it looks like an auditorium, they told us in the town hall, denying us the license) and the second (shown first) which, taking into account the crisis, aimed to take advantage of the original house so as not to demolish it. We proposed a much more contained solution, lining it in a local stone (from somewhere) and laying out a cantilevered addition. The much-clucked-about crisis made it so by the time we had obtained the license, the client could not sell the house where he was living, a house which we had also built, and we haven't been able to start the project since.

All these houses form a group in which, despite what others might say of evolution, be it of styles or families, one feels them to be their own, judges them to be contemporary in of themselves, despite the 25 years which separate them. Each one answers the eternal question of how to appropriate the land, how to provide shelter, how to interpret the time and place in which we have been chosen to live, which is what all good single-family home projects must always respond to (the question is the same, the answer is not).

Octavio Mestre (September 2010)

Las villas blancas...

Este libro da cuenta de algunas de las casas que hemos proyectado y construido a lo largo de 25 años de profesión. Como el libro se plantea para un público joven, posiblemente estudiantes de arquitectura o disciplinas afines, el libro hace hincapié tanto en el resultado final como en los procesos mentales y operativos. Muestra así, en algunos casos, imágenes 3D y maquetas -somos de los que aún hacemos maquetas de todos nuestros proyectos, porque entendemos que la maqueta permite una aproximación real a la volumetría que, muchas veces, un buen 3D puede llegar a enmascarar-. Son maquetas de trabajo que no siempre responden a la versión finalmente construida. Los textos que acompañan a los proyectos expuestos pretenden dar las claves de aproximación al mundo de las ideas (que está detrás de cuanto se ve) y explicar, también, las contingencias que surgen alrededor de cuanto se hace y con las que es necesario lidiar siempre (eso no se lo imaginan los estudiantes).

Antes de haber acabado la carrera empecé a dar clases en la Escuela de Arquitectura de Barcelona y, desde entonces, nunca he dejando de estar vinculado a la docencia en diversas universidades europeas y americanas. En el curso 2008-2.009 -y después de haber sido presidente del jurado del "Primer premio de vivienda unifamiliar del Languedoc Roussillón"-, los alumnos de 2º curso de la Escuela de Arquitectura de Montpellier (Francia), bajo la dirección de Nicolas Crégut, dedicaron un cuatrimestre al estudio monográfico de nuestras viviendas unifamiliares, un curso al que denominamos "Las villas blancas" y que hoy da origen a este libro. El título hacía referencia a aquel otro libro de Le Corbusier (Cuando las catedrales eran blancas) y al capítulo de Tom Wolfe de ¿Quién teme a la Bauhaus feroz? en el que describe la llegada de los arquitectos modernos de Centroeuropa a la América de los años 40, como la llegada de "Los dioses blancos" (su descripción de la respuesta de F L Wright hacia esos nuevos rivales es impagable). Y apuesta por un color que es esencia de la mediterraneidad y que hoy se ve amenazado por quienes, desde la administración, prefieren vindicar los colores tierra (obligando, eso si lo malo) en aras a "integrar las arquitecturas en un cierto contexto neo rural". De ahí el artículo que cierra el libro y que fue publicado en diversos medios como respuesta a esa prohibición.

La 1ª versión no construida de la casa en San Feliu de Codines (1987) muestra la voluntad de reconocer el terreno sobre la que se asentaba y la segunda, la construida, eso que llamo "lo real posible"; una casa en la que, a pesar de ser bien diferente de la primera, se muestran las mismas preocupaciones por separar la "casa de los padres" (de ocupación permanente) de la "casa de los hijos", a la que sólo se venía en fines de semana (y no siempre). La idea del patio posterior que hace que la casa se extienda visualmente hacia ambos lados de la casa o la cubierta, a contrapelo, para hacer que la casa se abra al paisaje, serán una constante en otras muchas de las viviendas construidas.

De la casa en L´Atmella del Vallés (1989-1990) hubo hasta 3 versiones que nunca llegaron a construirse y, en esta medida, esta casa representa a otros tantos proyectos no construidos que no se enseñan aquí, por falta de espacio. Es curioso como nunca se construyen los primeros proyectos, mientras los últimos, todavía en proyecto, tampoco muestran su versión construida en las monografías... Las cosas suelen, de esta manera, acabar como empiezan. Este libro muestra la planta de la primera versión (un pabellón de invitados en el jardín, unido con la casa madre a la que

ampliaba por un muro que se iba enterrando) y fotos de la maqueta de la segunda, en la que al pabellón se le añadió un garaje para 4 coches. Toda la casa tenía una cubierta de césped, excepto la pieza triangular acabada en cobre, con la pretensión de que, al oxidarse, se mimetizase con el terreno, desapareciendo entre la vegetación. La discreción es siempre un grado. Y la buena educación, sin renunciar a expresarnos con voz propia.

La casa en Santa Mª de Cubelles (1995-1997) es una de las más "cúbicas" de cuantas hemos realizado. Son, de hecho, dos casas, dos pastillas rectangulares de proporción diversa articuladas, a través de un porche, totalmente transparente. A destacar cómo la planta piso de la casa monta sobre la inferior (también lo hacía la casa de San Feliu) para jugar con la sombra a lo largo del día, hasta convertirse en un auténtico reloj de sol. La piscina tiene diferenciadas una calle para nadar y una zona de juegos, para optimizar sus usos con la menor cantidad de agua posible. Sostenibilidad, "avant la lettre".

En la vivienda en Valldoreix (1998-2001) ensayamos, por primera vez, invertir el orden habitual, que no lógico ¿por qué habría de serlo?, de situar los dormitorios debajo del salón para permitir que el salón tuviese mejores vistas. Ganar tres metros es, a veces, la diferencia entre ver o no ver por encima de la valla. La casa presenta una volumetría en cascada potenciando la idea de espacio (el verdadero lujo de las casas), estirando el volumen hasta donde lo permitía la Ordenanza.

No tengo duda alguna de que la vivienda de Andratx (2.000-2.005) ha sido, además de uno de los más bonitos, uno de los proyectos más complicados de gestión a los que nos hemos enfrentado a lo largo de nuestra trayectoria profesional. Porque las casas se complican en función del cliente que de la orografía, la normativa o la falta de medios. Si algún mérito tuvimos (no somos responsables de las maravillosas vistas, ni de la situación privilegiada de la casa frente al mar) fue el de hacer que la casa no sufriese (ella no tiene la culpa) lo que nosotros sufrimos haciéndola.

La vivienda unifamiliar en Goyrans, en el sur de Francia, situada del otro lado del Pirineo (2001-2003) pretende reconocer la topográfica planteando las distintas funciones de la casa en cuerpos por separado, reconociendo, cada uno de ellos, las curvas de nivel sobre las que se asentaban, como si se tratase de "dedos dejados sobre el paisaje", como si la casa, más que una casa, fuese ella misma un paisaje construido. Es curioso cómo, a veces, viniendo de fuera, se nos da más libertad a la hora de construir que la que tendrían los arquitectos locales.

La vivienda unifamiliar en el Maresme (2.002-2.004) es una de las más pequeñas (puede verse el tamaño relativo en el póster que acompaña la publicación) y, sin embargo, es una de las más radicales y de las que nos sentimos más orgullosos. La casa de los padres y la de las hijas están separadas por una tarja que corta la casa en dos, un corte de luz que aprovechamos para situar la escalera interior bajo una claraboya, como si tratase de una instalación de Gordon Matta Clark.

Las dos viviendas unifamiliares que construimos en el complejo que levantamos en el Port d´Aro (2.002-2.004) son un ejemplo de qué sucede cuando manda el urbanismo sobre la arquitectura y las ansias por reglamentar todo que parece que hoy tienen las administraciones (lagarto, lagarto...). Una ocupa la totalidad de la parcela de la que disponíamos, mientras la otra se divide en dos viviendas (es un 2x1 en el estricto sentido de la palabra), una casa en la que rompimos la simetría a la que parecía abocada el proyecto, de la que dan cuenta las respectivas chimeneas.

Las 15 viviendas unifamiliares de Arenys de Mar (2003-2007) presentan 3 tipologías posibles de vivienda en función del acceso rodado a las distintas parcelas y sus múltiples variantes que fueron concretándose a medida que se fueron vendiendo, una a una, las casas y conociendo el destinatario final. Es lo que tiene trabajar sin conocer el usuario, algo común tratándose de apartamentos, pero menos habitual al tratarse de ese sueño que para todos nosotros supone el hacernos nuestra propia casa. Al cliente hubo que convencerle de la necesidad de hacer casas diferentes, no para cobrarle más honorarios (como supuso él), sino porque ¿quién nos pagaba a nosotros, sino, el aburrimiento de hacer 15 casas iguales?

Entre las viviendas unifamiliares, una de las más radicales es la construida en Coma-Ruga (2004-2006) en la que, a modo de una banda de Moebius, la casa se dobla para, sin levantar la mano del papel, construir suelos, paredes y techos. La escalera, situada en posición central, hace la función del palillo en una banderilla, en un pincho, fijándola, anclándola al terreno.

La vivienda en San Feliu de Guixols (2.004-2007) demuele la casa existente para plantear una vivienda que, reconociendo su situación privilegiada, aproveche las magníficas vistas (la casa tiene vistas al mar hacia los dos lados). El programa limitado permite que los espacios resultantes sean inusualmente amplios, respecto de otras viviendas aquí mostradas...

La vivienda unifamiliar en Pineda de Mar (2.004-2007) es un periscopio y, como tal, se abre al paisaje y reconoce, en su forma, la parcela triangular en la que se asienta. Es una casa que apenas tiene una sola fachada y en la que, como si se tratase de un trampantojo, el espacio que debían de ocupar las persianas correderas de lamas -que la propiedad no pudo costearse en el momento de la construcción- se pintó de oscuro para generar un efecto similar de recortar la estructura y potenciar el efecto de caja.

Italo Calvino en su magnífico libro Las Ciudades Invisibles hace que Marco Polo describa todas las ciudades que ha conocido en sus viajes... todas menos una, como le recuerda Kublai Kan, su Venecia natal, una ciudad de la que nunca habla, pero que está siempre presente en todas las descripciones que hace de las otras, aunque sólo sea porque es la suya...Y así, a partir de esta casa que levanté para la propia familia en Tamariu (2.004-2.008), las casas serán grandes o pequeñas, se extenderán en el terreno o se concentrarán, todas ellas comparadas con ésta que no es otra que la nuestra.

Un pabellón en un jardín tiene siempre algo de follie: es la ocasión para desarrollar alguna idea potente que sirva de germen de otras historias. En los años de la abundancia, ese pabellón junto a vivienda unifamiliar en L´Atmella del Vallès (2005-2006) nos permitió estudiar la posibilidad de trabajar el vidrio siliconado a caras, de manera que el conjunto lograra privacidad respecto del vecino y pareciese un bloque de vidrio excavado, algo que no se pudo llevar a cabo por precio y por el propio peso de la solución, pero que nos abrió la puerta a otras aplicaciones que estamos desarrollando hoy en día, a gran escala, en un edificio de oficinas para Inmobiliaria Colonial. Nunca el esfuerzo es inútil ni en vano.

Si la guerra moderna ha acuñado el término de "daños colaterales", también existe lo que se llama "aprovechar la sinergia", unir fuerzas,

optimizar recursos. La segunda de las viviendas construidas en Tamariu (2.005-2.008) surge como fruto de esta trabajando en la nuestra y pretender optimizar al máximo los costes, haciendo algo lo más personal posible, adaptándose a las medidas estándar (algo parecido a la cocina de mercado que trabaja sus productos, según la temporada).

La vivienda unifamiliar en San Cugat (2.005-2.009) es el canto del cisne de unos años de actividad frenética (la vivienda ha tardado mucho en acabarse, debido a la crisis generalizada). Nace de la imagen formal de los materiales usados en la casa de Tamariu e insiste en el diálogo de esos mismos materiales -el revoco blanco y el acero corten-, dispuestos en vertical, en este caso. La casa se organiza en torno a ese vestíbulo de entrada a doble altura que hace las veces de biblioteca. La piscina, situada en cubierta para garantizar su asoleo, tiene un lateral acristalado por donde se filtrará el sol, al caer la tarde, y produce reflejos, sombras y juegos de luces contra el muro blanco del otro lado, convirtiéndose, todo el vestíbulo, en una pantalla de proyección natural.

En la segunda de las viviendas de San Feliu de Guíxols que incluimos en este libro (2007) hicimos "de negro", lo que hacemos, habitualmente, muchos blancos (por seguir la broma de Eto´o, el que fuera jugador del FCB, cuando dijera que tenía que correr como un negro para vivir como un blanco). La casa, ubicada en un terreno con pendiente pronunciada, proponía levantar el suelo de la entrada hasta cubrir la parte construida (algo así ya planteé en mi Proyecto final de carrera de la Carretera de las Aguas), al tiempo que una escalera lateral la recorría, en sentido descendente, hacia el mar. El proyecto pretendía sentar las bases, consensuar con el cliente y amigo, las ideas que otro arquitecto que ya tenía el encargo acabaría construyendo. Nunca he ido a ver cómo quedó (como los que nunca quedan con ex novias).

Del proyecto de vivienda en Collbató (2.008-2009), mostramos 2 versiones: la primera en la que envolvimos la preexistencia con una piel de madera a la que anteponíamos un volumen de corten con uso de sala comedor (parece un auditorio, nos dijeron en el Ayuntamiento y nos negaron la licencia) y la segunda (mostrada en primer lugar) en la que, crisis mediante, pretendiendo aprovechar la casa original para no tener que derribarla, propusimos una solución mucho más contenida, forrándola en piedra del lugar (de algún lugar) y planteando un cuerpo añadido en voladizo. La tan cacareada crisis hizo que, una vez obtenida la licencia, el cliente no pudiera venderse la casa en la que vivía, casa que también le habíamos hecho nosotros, y no hayamos podido llevarla a cabo, hasta la fecha.

Todas estas casas componen un conjunto en el que, a pesar de que otros puedan hablar de evolución, de estilos o de familias, uno que las siente propias, las juzga contemporáneas entre sí, a pesar de los 25 años que la separan, contestando cada una de ellas a la eterna pregunta, de cómo apropiarnos del terreno, como procurar cobijo al hombre, como interpretar el tiempo y el lugar en que nos ha tocado vivir, que es a lo que todo buen proyecto de vivienda unifamiliar debería de responder siempre (la pregunta es la misma, la respuesta no).

Octavio Mestre (Septiembre del 2.010)

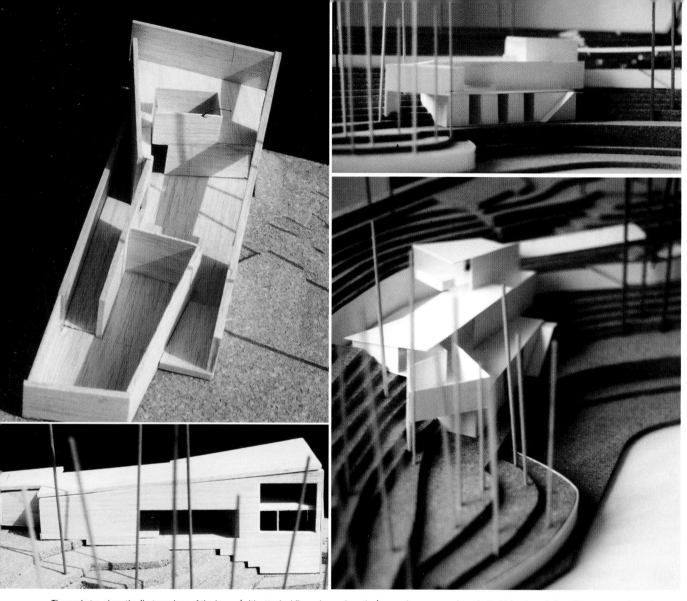

These photos show the first versions of the house (with attached floor plan and section), a much more organic project which acknowledges the contours where the house has been set. The floor plans and sections demonstrate how the house was adapted to the contours of the terrain.

On the right side, images of the model of the version built in the end according to the same program, once again proving that the same program can allow for many different forms. The movement in the floor plan generates a back patio so the house can breathe, thus creating a service area that is kept well out of sight, plus encouraging cross ventilation.

Las fotos muestran la primera de las versiones de la vivienda (cuyas plantas y secciones se adjuntan), un proyecto mucho más orgánico que reconocía las curvas de nivel sobre las que se asentaba la casa. Plantas y secciones en las que se aprecia como la casa iba adaptándose a las curvas de nivel del terreno. A la derecha imágenes de la maqueta de la versión finalmente construida según el mismo programa, lo que prueba, una vez más, que un mismo programa admite muchas formalizaciones. La planta, en su movimiento, generará un patio trasero por el que respira la casa, permitiendo crear un área de servicio, protegida de las vistas, así como ventilación cruzada.

Access level.
Planta de acceso.

Sections.
Secciones.

This project was designed as "two dwellings", a year-round home for the parents and a weekend home for their children, one set on top of the other where they would share the living room and several common areas in an attempt to avoid hallways and always-closed doors. Everything sits under the same single-sloped roof and over a series of platforms that adjust to the terrain, like scales. The house is open to the landscape that rises up the valley, providing a slanted view of the town it leaves behind. The first dwelling that we built was drawn from the tranquil modernity associated with the work of Siza Vieira or that of Coderch and Enric Miralles with whom I once worked when I was a student.

El proyecto se plantea como "dos viviendas", la permanente de los padres y la de fin de semana de los hijos, situadas una sobre la otra, que comparten el estar y las diversas áreas comunes, en un intento de evitar pasillos y puertas siempre cerradas. Todo, bajo un mismo techo, a una única pendiente, resuelto a base de plataformas, que se ajustan al terreno, a modo de escamas. La casa, abierta al paisaje se sube a la valla, para dar una mirada sesgada sobre el pueblo que deja detrás. La primera vivienda que construimos se planteó desde una modernidad tranquila asociada a la obra de Siza Vieira o a la de Coderch y Enric Miralles, con quienes, un día, trabajé, siendo estudiante.

ST. FELIU DE CODINES

1989-1990

archs: O. Mestre / X. Valls.
Photo: O. Mestre

Image of the house showing how it rises over the fence to overlook the town. Certain vertical slices in the wall, as well as the junction which would have had to be built in any case, makes looking out easy without being seen.

Imagen de la casa en la que se aprecia como ésta monta sobre la valla para asomarse al pueblo. Ciertos cortes verticales del muro, además de construir la junta que de otra manera se hubiera acabado haciendo, facilitan desde dentro ver sin ser vistos.

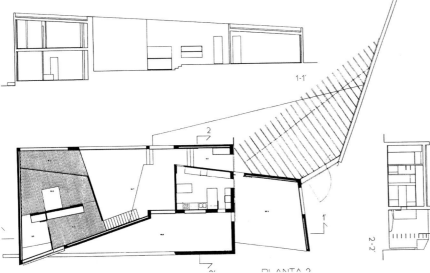

PLANTA 2

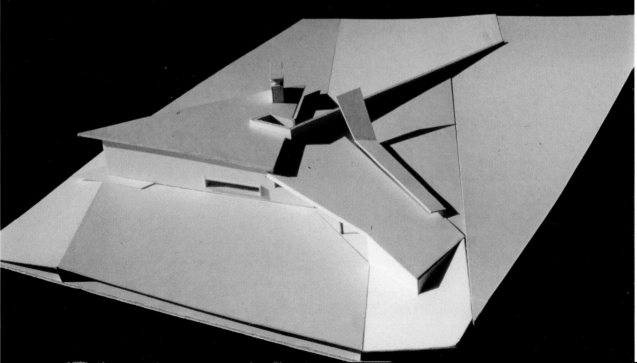

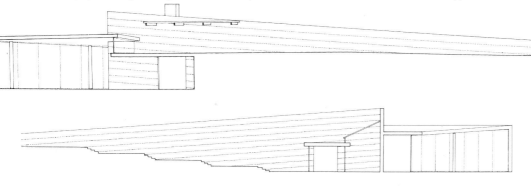

Images of the model (2nd version) plus the floor plan and elevations for the first version. This exercise was nearly as topographical as Land Art, which plays with the terrain as if it were just another constructive element. Despite the fact that in time we would end up making more 3D images, we never stopped making models (yes, plural), often several, of every house we took on. A model never lies, providing you with a direct approximation to volume and proportions, which the best 3D image can barely render.

Imágenes de la maqueta (2ª versión) y planta y alzados de la primera de las versiones, en ese ejercicio casi topográfico de Land Art, en el que se juega con el terreno como si se tratase de un elemento constructivo más. A pesar de que, con el tiempo, acabaríamos haciendo más imágenes 3D, nunca hemos dejado de hacer maquetas (en plural), a veces varias, de cada una de las casas que hemos llevado a cabo. Una maqueta nunca engaña y permite una aproximación directa al volumen y a las proporciones que los mejores 3D sólo hacen que enmascarar.

Redrafting part of Coderch de Setmenat's project for the monographic issue that the College of Madrid journal "Arquitectura" had dedicated to the Catalan master, the current owners of the Uriach House asked us to take on the extension, one that would begin with a half-buried guest pavilion (visually linked by a wall marking the continuation of one forming the house's vertebral axis). The pavilion would later be enlarged into a "second house" with a parking garage for period-piece cars, whose photos shown in the model. The entire roof of the house was to be landscaped, except for the copper triangle that over time would turn green again to hide amongst the greenery, along with the entirety. The house had a third, more contained version (two copper roofs set at counter slope which cut back on themselves to define a patio) which, in the end, was not built either.

Redibujando parte de la obra de Coderch de Setmenat para el nº monográfico que la revista del Colegio de Madrid "Arquitectura" dedicó al maestro catalán, los actuales propietarios de la Casa Uriach nos pidieron hacerle una ampliación, una ampliación que empezó siendo un pabellón de invitados semienterrado (ligado, visualmente, por un muro que era continuación del que vertebraba la casa), un pabellón que luego se ampliaría a una "segunda casa", con una aparcamiento para cuatro coches de época, que son las fotos que muestran la maqueta. Toda la cubierta de la casa era ajardinada, excepto la triangular en cobre que, con el tiempo, debía de volverse verde y enmascarase entre el verde del paisaje, junto al resto. La casa tuvo una tercera versión, más contenida y alada (dos cubiertas de cobre a contrapendiente que se recortaban, definiendo un patio) que, finalmente no se construyó, tampoco.

L'AMETLLA DEL VALLÈS

1989-1990
archs: O. Mestre / Ton Salvadó.
Photo: O. Mestre

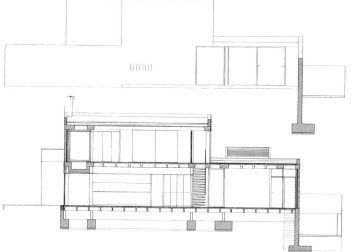

Street elevation, side elevation and several sections through the house.
Alzados a la calle, alzado lateral y diversas secciones a través de la casa.

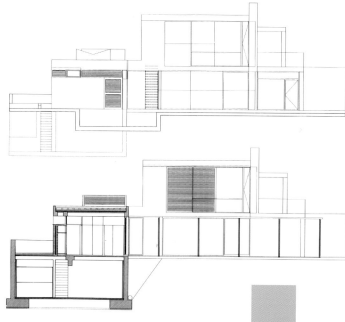

This L-shaped house, sitting over a flat rectangular plot with a far-off view of the sea, is divided into two wings joined in such a way to the vestibule that there is a transparent passage from the entrance to the backyard. The parent's bedrooms is set over the living room like a watchtower above the landscape, while the other bedrooms (for their son and other guests), form a perpendicular wing to the first that is set over the basement used for installations and as a garage, storage area and wine cellar. The first floor rises over the ground floor wall as a self-reference to the previously-mentioned San Feliu project. The location of the pool is linked to the architecture of the house, which we took from Coderch and its shape pays tribute to that of the Elías Torres and Jose Antonio Martínez Lapeña's Boenders House. The house was a finalist in the FAD Prize (1997).

La casa, en forma de L, se asienta sobre un terreno plano y rectangular con vistas lejanas al mar, y se divide en dos alas articuladas por el vestíbulo, a modo de paso transparente entre la zona de acceso y el jardín de la parcela posterior. El dormitorio de los padres queda sobre el salón, a modo de atalaya sobre el paisaje, mientras el resto (el del hijo e invitados varios), forman un ala perpendicular a la anterior que se sitúa sobre el sótano, destinado a garaje, trasteros, instalaciones y bodega. La planta 1ª monta sobre el muro de planta baja, como autorreferencia al anterior proyecto de San Feliu. La situación de la piscina, ligada a la arquitectura de la casa, la aprendimos de Coderch y su forma rinde tributo a la de la Casa Boenders de Elías Torres y Jose Antonio Martínez Lapeña. La casa fue finalista del Premio FAD (1.997).

Ground floor (displaying the area intended for the kitchen (in the background) and dining room (leading to the garden), along with the bedroom wing which can be separated on command).

Planta baja (en la que se aprecia la parte destinada a cocina (detrás) y salón comedor (dando al jardín) y el ala de dormitorios que puede independizarse a voluntad).

CUBELLES
1995-1997
archs: O. Mestre / Josep Mª Vivas.
Photo: Lluis Sans

Although the house is closed off from the street in order to open up towards the back, a broad transparency is generated via the porch between the front garden (service area) and the backyard (where the actual living takes place). Images of the staircase, whose metal profile is cut in half on the bias, and is used to make the structure for every two steps.

A pesar de que la casa se cierra a la calle para abrirse a la parte trasera, a través del porche se genera un gran transparencia entre el jardín delantero (de servicio) y la parte posterior (en donde se desarrollará la vida). Imágenes de la escalera, en el que un mismo perfil metálico se cortó por la mitad, al bies, y se utilizó para hacer la estructura de cada dos peldaños.

Ground floor.
Planta baja.

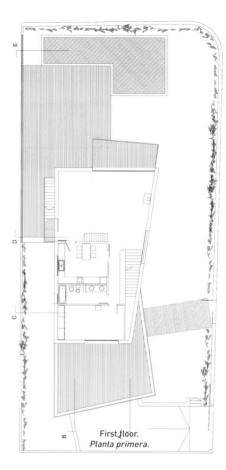

First floor.
Planta primera.

Elevation.
Alzado.

Second floor.
Planta segunda.

Third of a series, in which we can highlight the inversion of the bedrooms, located on the ground floor in full contact with the garden, while the dining room is set on the second floor to gain a view over the hedges that enclose the parcel. The dwelling has a cascading effect, with each floor having a terrace over the level below, thus heightening a certain nautical look (much-desired by the modern in the historic avant-garde) reinforcing the image of the whole building. The structure used for parking and the volumetry of the house are joined together to create a porch that welcomes us in, next to the remarkably large doubled-space opening protected by a wooden lattice. The obliged separation of property lines allows for the creation of a service strip in the back.

Tercera de la serie, en la que destacaríamos la inversión de dormitorios, situados en planta baja, en contacto con el jardín, mientras el salón comedor se sitúa en la planta piso, para poder ganar vistas sobre los setos que cierran la parcela. La vivienda se dispone en cascada, teniendo cada planta terraza sobre la inmediata inferior, potenciando de esta manera, una cierta imagen náutica que refuerza la imagen del conjunto. El cuerpo destinado a aparcamiento y la volumetría de la casa se articulan para generar un porche que nos da la bienvenida, junto al que destaca una gran obertura a doble espacio, protegida por una celosía de madera. La obligada separación a lindes permite generar una franja de servicio en la parte de detrás.

VALLDOREIX
1998-2001
archs: O. Mestre / Efrén Lopez y Leo Machicao, col.
Photo: Lluis Sans

Double-height space where a staircase without risers is anchored to the wall, with a T-shape step structure. Image of the kitchen. The dwelling has views of the surrounding forest from anywhere on the inside that faces out.

Doble espacio con la escalera anclada al muro, sin contrahuellas, con la estructura de los peldaños en forma de "T". Imágen de la cocina. La vivienda tiene vistas al bosque circundante desde cualquier punto del interior que se mire hacia afuera.

Back wall, main elevation where the overhang used as a porch to eat outdoors next to the pool was cut back, the pivoting door to enter the site and the garage illumination and ventilation panel. (left page)

Testero, alzado principal en el que se recorta el voladizo que sirve de porche para comer al aire libre junto a la piscina, puerta pivotante de acceso a la parcela y tarja de iluminación y ventilación del garaje. (página izquierda)

Location of the house atop a cliff.
Situación de la casa frente al acantilado.

The extremely complicated handling involved in this house located on a spectacular plot overlooking a cliff included the obligation of being, according to the owners, "Zen minimalist, colorful like Barragán with Arabic touches (for more than one Frenchman l´Espagne et le Marroc c´est le même chose) and, of course, Mediterranean, but not Provencal" ("we'd have bought a house in Provence if we'd wanted that"). The house, fruit of a building renovation prior to the Coastal Law where its entire look was changed, is nearly 600 m² and consists of a main structure and several adjoining pavilions.

By highlighting the pool that flows towards the horizon built over the guest pavilion, an attempt was made to visually aggrandize the terrace and patio, whose wooden floorboards play with that of the large-sized perimeter fencing and sliding blinds which enclose the complex. It's curious to see the openings from far off, in comparison to those of the dwellings around it.

Complicadísima gestión la de esta casa situada en una envidiable posición sobre un acantilado, que debía de ser, según sus propietarios, "minimalista zen, colorista a lo Barragán, con reminiscencias árabes (para más de un francés l´Espagne et le Marroc c´est le même chose) y, por supuesto, mediterránea, pero no provenzal", ("para eso nos hubiéramos comprado una casa en Provenza"). La casa, fruto de la rehabilitación de una construcción anterior a la Ley de Costas a la que se cambia toda su imagen, tiene casi 600 m² y consta de un cuerpo principal y de varios pabellones anexos.

A destacar la piscina desbordante sobre el horizonte, construida sobre el pabellón de invitados, en un intento de agrandar visualmente la terraza y el patio, cuyo pavimento de madera juega con el de las vallas perimetrales y las persianas correderas, de gran dimensión, con las que se cierra el conjunto. Es curioso, desde lejos, comprobar la escala de los vanos, comparados a los de las viviendas de su entorno.

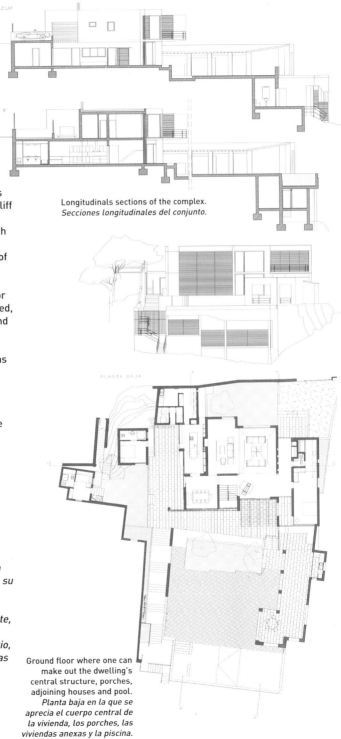

Longitudinals sections of the complex.
Secciones longitudinales del conjunto.

Ground floor where one can make out the dwelling's central structure, porches, adjoining houses and pool.
Planta baja en la que se aprecia el cuerpo central de la vivienda, los porches, las viviendas anexas y la piscina.

ANDRATX
2000-2005
archs: O. Mestre / Efrén Lopez y Leo Machicao, A. Lluch col.
Photo: Jordi Miralles, Octavio Mestre

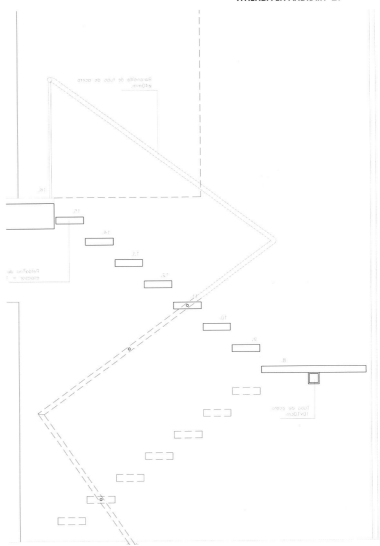

Details of the living room with furniture lined in sheet metal. The highlight is the staircase with steps but no risers along the seaside facade. One enters the Boffi designed kitchen from the dining room, or the outdoor dining area and the service area.

Detalles del salón con los muebles forrados en plancha metálica. A destacar la escalera de peldaños exentos que vuela, junto a la fachada a mar. Desde el salón comedor se accede a la cocina, equipada por Boffi, así como al comedor exterior y a la zona de servicio.

Master bedroom y bathrooms with its bathtub without Corian and the mirror in the background used to see the sea from both sides while having a bath, under the only window that can be seen from the street.

Dormitorio principal y baños con su bañera exenta en Corian y el espejo, al fondo, bajo la única ventana que se aprecia desde la calle, para ver el mar por las dos caras, mientras uno se baña.

Several images of the overflowing pool with a lack of border to cause the image the pool water to be confused with that of the sea. The longitudinal bench allows one to have a soak while taking in the marvelous sunsets.

Diversas imágenes de la piscina desbordante en la que la falta de límite hacen que las aguas se confundan con el mar. El banco longitudinal permite disfrutar, a remojo, de unas excelentes puestas de sol.

Night-time images of the house and pool at sunset.

Imágenes nocturnas de la casa y de la piscina, al caer la tarde.

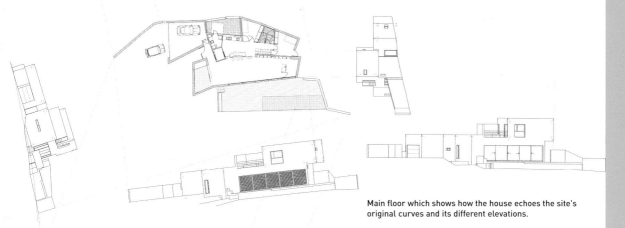

Main floor which shows how the house echoes the site's original curves and its different elevations.

Planta principal en la que se aprecia como la casa construye las curvas de nivel primitivas de la parcela y los diversos alzados de la misma.

Ignoring all regulations which obliged any building to have a regional style with earth tones and hipped roofs, and after a complex negotiation with the town hall, what then is the labor of an architect when what fails is the question and not the answer? The house intended to be a series of fingers on the landscape, in the style of Steven Holl, who built different contour lines. The house explores recurring themes in our work: enclosing itself in the back to open up to the landscape, walls which hug you and make the house seem bigger, transparent effects that patios create, or the willingness to build a top structure on the flat roof to give it a use and sleep outdoors on the tranquil summer nights. Finalist in the "ArqCatMón" Awards (works done by Catalan architects abroad in the previous decade).

Saltándose todas las normativas que obligaban a construir en un estilo regionalista, con colores terrosos y cubierta a cuatro aguas, después de una compleja negociación municipal ¿Cuál es, sino, la labor de un arquitecto, cuando lo que falla es la pregunta y no la respuesta?, la casa se plantea como una sucesión de dedos en el paisaje, a lo Steven Holl, que construyen las distintas curvas de nivel. La casa explora temas recurrentes en nuestra obra: cerrarse en la parte trasera para abrirse al paisaje, muros que te abrazan y hacen que la casa parezca mayor, las transparencias que generan los patios, o la voluntad de construir un cuerpo superior que permita utilizar la cubierta plana al mismo nivel y dormir al aire libre, las tranquilas noches de verano. Finalista del Premio "ArqCatMón" (obras de arquitectos catalanes realizadas en el extranjero durante la última década).

GOYRANS

2001-2004

archs: O. Mestre / X. Navarro (project)/Calvo & Tran Van (D.O.).
Photo: Octavio Mestre

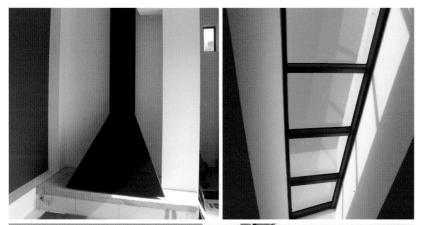

Chimney and skylight details.
Detalles de la chimenea y de la claraboya.

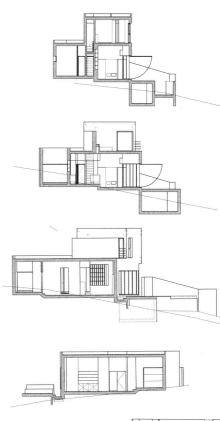

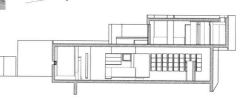

Front elevation, view from the entrance and back wall. The only piece which strays from the determined ground floor program is the parent's bedroom, which has a private terrace.

Alzado frontal, vista desde el acceso y testero. La única pieza que se desliga del programa resuelto en planta baja es el dormitorio de los padres, que dispone de una terraza privada.

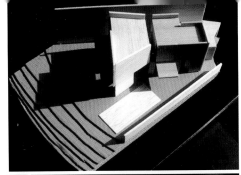

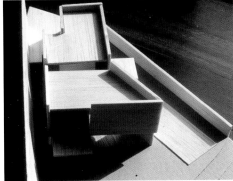

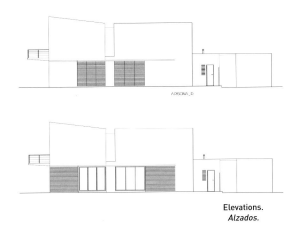

Elevations.
Alzados.

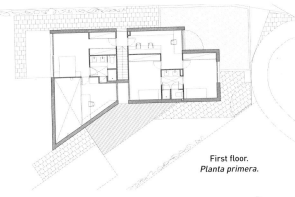

First floor.
Planta primera.

Ground floor.
Planta baja.

Fourth edition. Joining in the poetry created by its previously-built sister houses, two volumes cut by a sliver of light, in the style of Gordon Matta Clark, create a dialogue with each other. In the center is the staircase, lit from above and ventilated by the back façade through latticework which, like bronchia, allow the structures to be joined. The house opens up on the ground floor and the back wall towards the adjoining riverbed, while the rest of the bedrooms open out towards the pocket that the house itself creates, in an attempt to not see the neighboring houses. The pool is encased and interwoven in the house as a horizontal piece of the puzzle that the entire house sets out to be.

Cuarta entrega. Participando de la poética de sus hermanas anteriores, dos volúmenes, cortados por una tarja de luz, a lo Gordon Matta Clark, dialogan entre sí. En el centro se sitúa la escalera, iluminada cenitalmente y ventilada por la fachada de detrás, a través de una celosía que, a modo de branquias, permite articular los cuerpos. La casa se abre en planta baja y en el testero hacia la riera vecina, mientras el resto de habitaciones se abren hacia la invaginación que la propia casa genera, en un intento de no ver los vecinos del entorno. La piscina se encaja e imbrica en la vivienda como pieza horizontal del rompecabezas que toda casa supone.

MARESME

2002-2004
archs: O. Mestre, A. Lluch.
Photo: Octavio Mestre

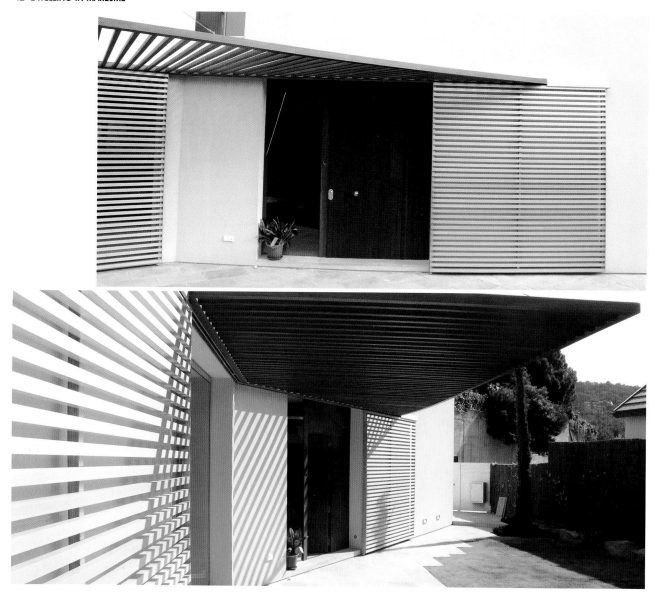

The back wall, with its openings opposite the vertex, and the play of its superimposed blinds completely changes its appearance when opened or closed, all an attempt at radical abstraction.

El testero, con sus vanos opuestos por el vértice y el juego de persianas que se le superponen, cambiando totalmente la apariencia en el caso de estar cerrados o abiertos, apuesta por una radical abstracción.

Image of the house, street view.
Imagen de la casa, vista desde la calle.

The back patio, which opens onto all the services, lets the house to breathe (which we also learned from Coderch). Without going too far, the window in the staircase cuts back the bronchia to enhance the image.

El patio de detrás, al que se abren todos los servicios, permite que la casa respire (eso también lo aprendimos de Coderch). Sin ir más lejos, para potenciar esa imagen, la ventana de la escalera se recorta cual branquias.

Detail of the staircase, formed by three folded metal ribs to support the structure and banister, installed as a safety rail along the side of the wall so as not to interfere with spatial perception of the whole unit.
Detalles de la escalera, formada por tres costillas metálicas plegadas que aguantan la estructura y la barandilla, situada a modo de quitamiedos sobre el lado de la pared, para no interferir en la percepción espacial del conjunto.

1. Lightweight concrete to slope formation.
2. Using rubberized asphalt waterproofing.
3. Thermal insulation using extruded polyurethane tongue and groove boards.
4. Cement layer regularized.
5. Gravels.
6. Concrete slab.
7. Gravel pitching.
8. Vapor barrier of polyethylene material.
9. Floorboars Dusi wood.
10. Edge belt.
11. Piece of natural stone finish.
12. Bowl of rainwater harvesting.
13. Rainwater downpipe.
14. Solera aramid mesh concrete.
15. Single hollow brick.
16. Structural wall consists ofceramic 29.5x14.5x10
17. Projected polystyrene thermal insulation.
18. Glass skylight of stadip 5 5.
19. Outdoor Floor consists of pieces of 40x40 honed natural stone.
20. Sand slurry.
21. Siding with dyed plaster.
22. Solid wooden board 2cm thick.
23. Alma resistant steel ladder.
24. Lower cladding clad plywood ladder by 1 cm thick.
25. Reinforced concrete beam.
26. Aluminum plaque.
27. Omega metal profile.
28. LPN metal profile.
29. Amount of hot water.
30. Amount of cold water.
31. Amounts of polyethylene lattice heating.
32. Lintel reinforced ceramic Stalton model.
33. Neoprene expansion.
34. Teak flooring on battens.
35. Concrete slab e = 16 cm.
36. Subject Profile of carpentry in H.A.

1. Hormigón aligerado para formación de pendientes.
2. Impermeabilización mediante tela asfáltica.
3. Aislamiento térmico mediante planchas machihembradas de poliuretano extruido.
4. Capa de cemento regularizadora.
5. Gravas.
6. Loseta de hormigón armado.
7. Encachado de gravas.
8. Barrera de vapor mediante tela de polietileno.
9. Pavimento de tarima de madera de Dusie.
10. Zuncho perimetral.
11. Pieza de remate de piedra natural.
12. Cazoleta de recogida de aguas pluviales.
13. Bajante de aguas pluviales.
14. Solera de hormigón aramado con mallazo.
15. Ladrillo hueco sencillo.
16. Muro estructural formado por piezas cerámicas 29.5x14.5x10
17. Aislamiento térmico mediante poliestireno proyectado.
18. Claraboya formada por vidrio stadip 5+5.
19. Pavimento exterior formado por piezas de 40x40 de piedra natural apomazada.
20. Lechada de arena.
21. Revestimiento exterior mediante revoco teñido en masa.
22. Plancha de madera maciza de 2cm de grosor.
23. Alma resistente de la escalera de acero.
24. Revestimiento inferior de escalera mediante aglomerado chapado de 1 cm de grosor.
25. Viga de hormigón armado.
26. Plaqueta de aluminio.
27. Perfil metálico omega.
28. Perfil metálico LPN.
29. Montante de agua caliente.
30. Montante de agua fría.
31. Montantes de calefacción de polietileno reticular.
32. Dintel cerámico armado modelo Stalton.
33. Neopreno para dilataciones.
34. Pavimento de Teka sobre rastreles.
35. Loseta de hormigón armado e=16 cm.
36. Perfil de sujeción de la carpinteria en el H.A.

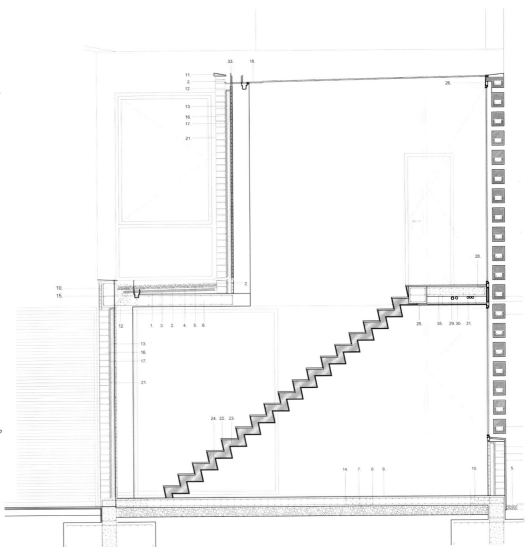

These two houses close off, according to the stipulations in the town's building code, the group of two blocks of 27 apartments, each on a rectangular block of 80 x 40 m. The facade is resolved using the same white brick facing as the rest, unifying the alucobond panel windows that slide between each other to dissolve any corners and allow for a richer reading, one nearly in motion. One house occupies the entire corner, while the other is divided in two units. The attempt to avoid any apparent symmetry in this project, toward which it seemed to have a great inclination, is perhaps our greatest formal merit.

Estas dos viviendas cierran, según prescripciones de la normativa municipal, el conjunto de dos bloques de 27 apartamentos cada uno en una manzana rectangular de 80 x 40 m. La fachada se resuelve mediante el mismo ladrillo blanco aplantillado del resto, unificando las ventanas con paños de alucobónd que, desplazados entre sí, disuelven las esquinas y permiten una lectura más rica, casi en movimiento. Una vivienda ocupa la totalidad de la esquina, mientras la otra se divide en dos unidades. El intento de evitar la aparente simetría a la que parecía abocado el proyecto es, quizás, su mayor mérito formal.

PORT D'ARO
2002-2004
archs: O. Mestre, N. Herrero, A. Lluch col.

Photo: Lluis Sans

Images of the semi-detached house. It can be seen how the pavement rises to conform the division between the two and how the different compositions in the bays breaks up the expected symmetry.

Imágenes de las casas pareadas en las que se observa cómo el pavimento sube conformando la división entre ambas y cómo la diferente composición de vanos rompe con la esperada simetría.

Images of the site. Successive models B and C, framed by the sea.
Imágenes de conjunto. Sucesión de modelos B y C, recortados frente al mar.

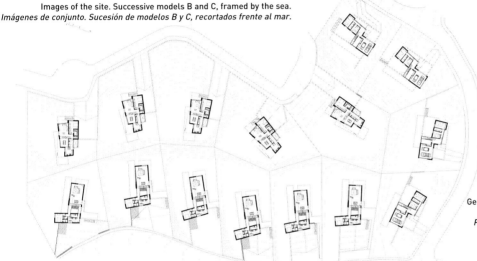

General site plan of the
15 dwellings.
*Planta de conjunto de
las 15 viviendas.*

ARENYS DE MAR

2003-2007
archs: O. Mestre, A. Lluch
Photo: Manu Pineda

A group of 15 350-m² houses located over a promontory with sea views to either side. The houses, built according to various models according to the land survey, orientation and level of street access, have parking areas at the top or bottom in some cases, but always follow the main schemes that Cocerch used for daytime and night time zones, where the served spaces and those for services (to follow the nomenclature of Louis Khan) are interconnected without producing junctions. Some houses have an inner patio and others no, one extends out gripping to the landscape, while other have towers that rise up, thus avoiding monotony in the whole project. To make them blend into the landscape, an enormous amount of earth had to be moved, one of the challenges in the project.

Conjunto de 15 casas de 350 m². en un complejo situado sobre un promontorio con vistas al mar hacia ambos lados. Las casas, construidas según diversos modelos en función de la topografía, la orientación y el nivel del acceso desde la calle, tienen, en unos casos, el aparcamiento en la planta superior o inferior, pero siempre siguiendo los esquemas de principio que Coderch enunciara en los que las zonas de día y de noche, los espacios servidos y los de servicio (por seguir la denominación de Louis Khan) estén interconectados entre si, pero sin producirse cruces. Unas casas tienen patio y las otras no, una se extiende aferrándose al paisaje y las otras se levantan cual torres, evitando la monotonía del conjunto. Integrar en el paisaje el ingente movimiento de tierras fue uno de los retos del proyecto.

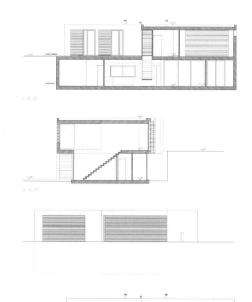

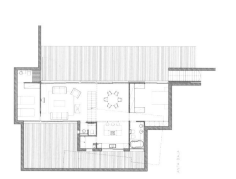

Plans, elevations and sections of Model A, where the rounded entrance is echoed in the upper floor.

Plantas, alzados y secciones del Modelo A, en las que el acceso rodado se produce por la planta superior.

B

Model B dwellings. The shift between the ground floors and the first floors create a powerful overhang on the other side of the pool, underscoring the independence of both structures. On the other side and at a lower level, the rounded entrance is echoed through a semi-basement floor used for parking, wine cellar and service areas, creating a paved space that counters the landscaped area on the upper level. Succession of terraces overlooking the sea.

Viviendas Modelo B. El deslizamiento entre las plantas baja y primera crea un potente voladizo, del otro lado de la piscina que remarca la independencia de ambos cuerpos. Del otro lado y a un nivel inferior se produce el acceso rodado a través de una planta semisótano, destinada a aparcamiento, bodega y áreas de servicio, lo que crea un espacio pavimentado en contraposición al ajardinado de la parte superior. Sucesión de terrazas frente al mar.

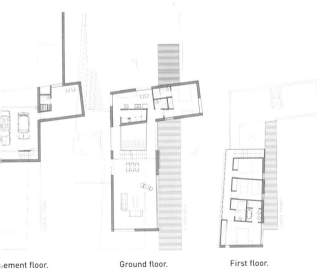

ement floor.
anta sótano.

Ground floor.
Planta baja.

First floor.
Planta sprimera.

C

The Model C dwellings have the same basement, ground and top floors like their sister houses, but are distributed along a more compact model. They have a panoramic elevator and an overhang on the bedroom floor that sticks out nearly 4 meters over the outdoor dining area, allowing for sheltered dining without a need for any accessories. Lining the panels between the windows with the same aluminum sheets used in the metalwork helps enhance the horizontality of the openings.

Las viviendas Modelo C disponen de las mismas plantas sótano, baja y primera del resto de sus hermanas, pero desarrolladas según un modelo más compacto. Disponen de ascensor panorámico y de un voladizo de la planta de dormitorios sobre la del comedor exterior de casi 4 metros, lo que permite comer a cubierto sin necesidad de otros aditamentos. Forrar los entrepaños de las ventanas de la misma plancha de aluminio con la que se construye la carpintería metálica ayuda a potenciar la horizontalidad de los vanos.

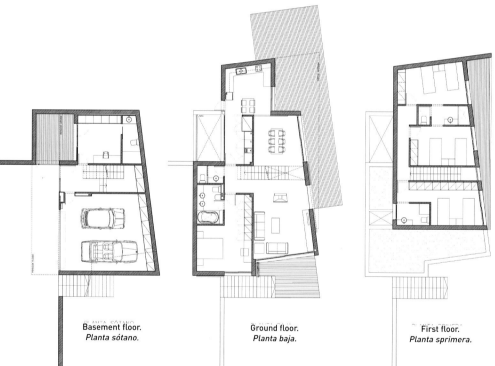

Basement floor.
Planta sótano.

Ground floor.
Planta baja.

First floor.
Planta sprimera.

Plans of Model C (houses which overcome nearly 12 meters of slope inside the parcel itself).
Plantas del Modelo C (viviendas torre que salvan hasta 12 metros de desnivel dentro de la parcela).

Basement floor.
Planta sótano.

Ground floor.
Planta baja.

First floor.
Planta primera.

Elevations.
Alzados.

PLANTA PRIMERA

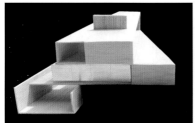

The house was designed to be a Moebius strip which folds and unfolds on itself, shaping floors and walls that create, in their displacements, the respective porches and terraces. The rather triangular floor outline emphasizes the unique position the house occupies on the side of the parcel, using the separation from the neighboring plot -obligated by the building code- as an entrance ramp to access the underground garage. The lower level is painted black to enhance the idea that the house is floating in space, held up by the wall which sustains the staircase vertically crossing the entire house. If in some houses the windows touch in their opposing vertices, producing a certain sense of abstraction, here the panels themselves are trimmed back, reinforcing the character of the dwelling.

La casa se plantea como una cinta de Moebius que se dobla y desdobla, conformando suelos y paredes y generando, en sus desplazamientos, los respectivos porches y terrazas. La planta, de forma sensiblemente triangular, reconoce la singular posición que la casa ocupa, a un lado de la parcela, usando la separación al vecino -que obliga la normativa- como rampa de acceso al garaje subterráneo. La planta baja se rompe en dos niveles, reconociendo la topografía. La parte inferior se pinta de negro para potenciar la idea de que la casa flota en el espacio, sujeta por el muro en el que se sostiene la escalera que atraviesa toda la casa en vertical. Si en algunas casas las ventanas se tocan en sus vértices opuestos, produciendo una cierta sensación de abstracción, aquí son los paños los que se recortan, reforzando el carácter de la vivienda.

COMA-RUGA
2004-2006
archs: Fco. Soppelsa, O. Mestre
Photo: Octavio Mestre

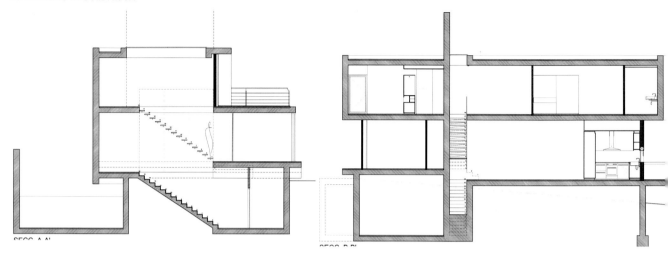

SECC. A-A'

SECC. B-B'

Transversal and longitudinal sections of the staircase.
Sección transversal y longitudinal por la escalera.

Details of the back wall entrance, with the entire volume of the ground floor covered in grey aluminum sheets to underscore the formal desire of the house.
Detalles del testero de acceso, con todo el volumen de planta baja cubierto en planchas de aluminio gris para subrayar la voluntad formal de la casa.

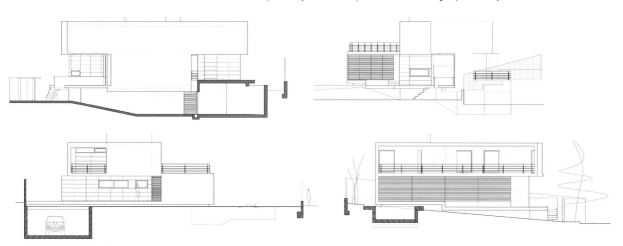

The four elevations of the house.
Los cuatro alzados de la vivienda.

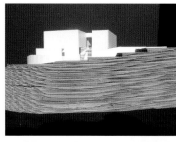
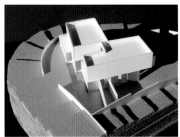

Several views of one of the project models.

Diversas vistas de una de las maquetas de trabajo.

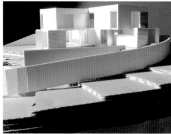
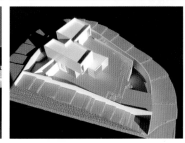

This house with a simple, yet powerful volume, was built to replace a pre-existing single-floor house of standard regional architecture located on a curved plot atop a promontory overlooking the sea. The house, located in the highest part of the parcel, enjoys a spectacular view from each floor. Living room and dining area open out to the front garden, an Aleppo pine grove, while the service area faces the rear where the entrance is also located, protected out of sight. The two en-suite bedrooms are on the second floor. The garage is situated in a separate unit at the lower end of the parcel.

Casa de volumetría simple, pero potente, construida en sustitución de una vivienda preexistente de planta baja y arquitectura regionalista al uso, ubicada en un solar en curva, sobre un promontorio junto al mar. La casa, situada en la parte alta de la parcela, disfruta de vistas impresionantes, desde cada una de las plantas. Salón y comedor quedan abocados al jardín delantero, un bosque de pinos carrasco, mientras que la zona de servicios da sobre la parte trasera, por la que también se realiza el acceso, protegidas de las vistas. Los dos dormitorios en suite quedan en la planta superior. El garaje se sitúa en un cuerpo independiente en la parte inferior de la parcela.

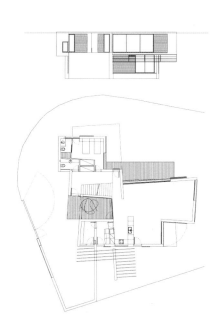

ST.FELIU DE GUÍXOLS

2004-2007

archs: A. Lluch, O. Mestre's associated

Photo: Octavio Mestre

Street elevation showing how the two trapezoidal volumes were cut back around the central panel which becomes the vertical connection nucleus where the staircase and elevator are located (the elevator was already built when we took on the project and was of the conditioning factors to be integrated).

Alzado a la calle en la que se aprecia cómo se recortan los dos volúmenes trapezoidales entorno a la tarja central que supone el núcleo de comunicación vertical en el que se sitúa la escalera y el ascensor (ascensor que ya estaba construido cuando nos hicimos cargo del proyecto y fue uno de los condicionantes a integrar).

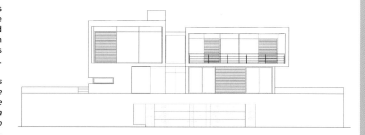

This dwelling adjusts to the triangular shape of the parcel, opening up to the landscape like a funnel. The dwelling is divided into two structures through an interior connection nexus: the staircase and elevator connect the house to the lower level of terrain, where the garage built prior to our intervention is located, taking the advantage of connecting it with the elevator. The house is situated towards the back of the parcel to allow for the largest possible front terrace, where the pool and porch with sea views are located and the area where most of the living in the house takes place. A small back patio becomes the house's most private spot, completely out of sight.

La vivienda se ajusta a la forma triangular de la parcela, abriéndose al paisaje como un embudo. La vivienda está dividida en dos cuerpos por el núcleo de comunicaciones interior: la escalera y un ascensor que comunica la casa con el nivel inferior del terreno, donde ya existía un garaje, de antes de nuestra intervención, que se reaprovecha conectándolo con el ascensor. La casa se sitúa en la parte trasera de la parcela para dejar la mayor terraza posible delante, en la que se ubica la piscina y el porche, con las vistas al mar, en las que se vivirá la casa. Un pequeño patio trasero resguarda el lugar más íntimo, protegido de las vistas.

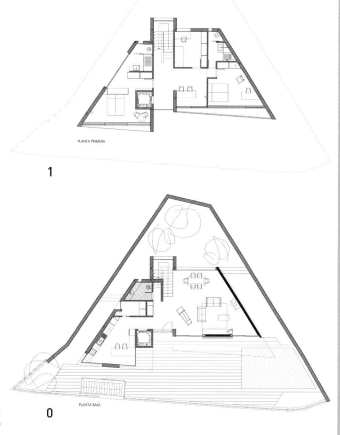

PLANTA PRIMERA

1

PLANTA BAJA

0

PINEDA DE MAR

2004-2007

archs: O. Mestre, Fco. Soppelsa
Photo: Manu Pineda

Entrance floors from the street (which houses the garage and pedestrian staircase connecting to the garden) and the ground and first floors, where the singularity of the triangular parcel can be appreciated.

Plantas de acceso desde la calle (que alberga el garaje y la escalera peatonal que comunica con el jardín) y plantas baja y primera en las que se reconoce la singularidad de la parcela triangular.

Image of the dining room, with fireplace in the background (which is a barbecue on its reverse face outside) and the window reaching the floor looking over the backyard which, as in the dwellings in Sant Feliu, Andratx and Model A of the Arenys houses, visually widens the living room.

Imagen del salón comedor, con la chimenea al fondo (que es barbacoa reversible por su cara exterior) y la ventana a ras de suelo dando sobre el jardín posterior que, como en las viviendas de San Feliu, Andratx y el modelo A de las casas de Arenys amplía visualmente el salón.

Several views of the main inner staircase.
Diversas imágenes de la escalera principal.

Master bedroom, open to the
landscape (the column is
transformed into a light shaft, as
it does in Andratx) and two
images of the bathroom, with a
closed-off area in the back, used
for the toilet and bidet, while the
shower and sink are in view in the
intermediate space, with all the
furnishing being specially
designed.

*Dormitorio principal, abierto
sobre el paisaje (el pilar se
transforma en luminaria, como
sucedía en Andratx) y dos
imágenes del baño, con la parte
del fondo cerrada, destinada a
inodoro y bidet y la ducha y el
lavabo, abiertos, en la parte
intermedia y en donde se diseñó
todo el mobiliario.*

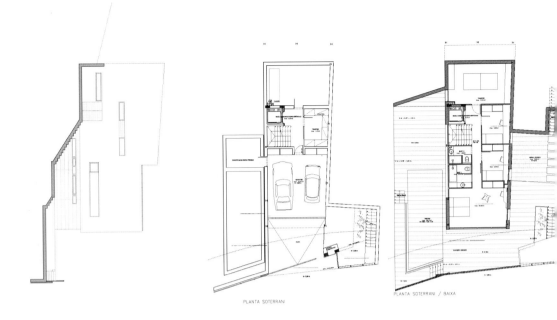

PLANTA SOTERRANI

PLANTA SOTERRANI / BAIXA

The house, designed for the architect's own family on steeply-sloped terrain above the sea, takes the most leeway possible in the building code to define where we situate the ground floor. The house is arranged in four levels, while the code allows only for two floors, but always within the volumetry that Code permits. The house is barely a parallelepiped, a container, the "cube that works" which so defended Le Corbusier. The bedrooms are "buried" below the large volume which acts as both dining room and kitchen (110 m² and nearly five meters of open height), because as De La Sota would say, what is closest to death but sleep? The bottom half of the house is lined in oxidized corten steel, whose terraces are paved with quartzite, also oxidized, to camouflage them into the terrain. The house reads as a single white volume which emerges amidst the pines and rises above the landscape.

La casa, proyectada para la propia familia del arquitecto, en un terre de gran pendiente al lado del mar, aprovecha al máximo la normativa para, definiendo dónde situamos cada vez la planta baja, organizar la casa en cuatro niveles, cuando la normativa permite planta baja y pis siempre dentro de la volumetría que permite la Ordenanza. La casa e apenas un paralelepípedo, un contenedor, el "cubo que funcione" por que abogara Le Corbusier, que tiene los dormitorios "enterrados" ba el gran volumen que hace las veces de sala comedor y cocina (110 m casi cinco metros de altura libre), porque como dijera de la Sota ¿que hay más parecido a la muerte sino el dormir? Las partes bajas de la casa se forran en acero corten oxidado, pavimentando las terrazas d ese nivel con cuarcita también oxidada, para enmascararlas en el terreno y leer la casa como ese único volumen blanco, que sale y se asoma al paisaje, entre los pinos.

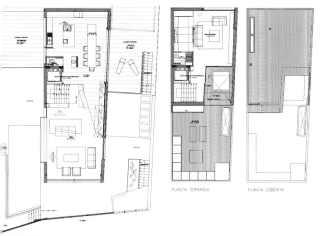

PLANTA TERRASSA   PLANTA COBERTA

PLANTA BAIXA / PIS

TAMARIU
2004-2007
archs: O. Mestre, Fco. Soppelsa, A. Lluch, Josep Ribas col.
Photo: Lluis Sans, Jordi Miralles, Octavio Mestre

Images of the street facade, finished in aluminum deployé sheets to blend in with the context, entry staircase (formed by steps anchored in the concrete wall). The house is accessed on foot by crossing over a small pond. Terraces with floating paving stones, at the same level as the pool area. The house masks its volumetry by being finished in the same corten steel as the border fencing, with the entire floor intended for the bedrooms. (p.70)

Imágenes de la fachada a calle, resuelta con chapa de deployé para integrar la casa en el contexto, escalera de acceso (formada por escalones anclados en el muro de hormigón). A la casa se accede peatonalmente cruzando por encima de un pequeño lago. Terrazas con pavimento flotante, al mismo nivel del interior y zona de la piscina. La casa enmascara su volumetría en la medida en la que reviste del mismo corten de la valla perimetral, toda la planta destinada a dormitorios. (p.70)

Image of the continuity between the interior (kitchen and dining room) and the contiguous patio outside.

Imagen de la continuidad entre el interior (cocina y comedor) y la terraza contigua en el exterior

Both views of the living room, with the fireplace opposite the staircase, a staircase where every two steps becomes a bookshelf. Notice how the trunks of the trees needed to be cut in order to raise the house were left standing, as a memory of the true original site.

Sendas vistas del salón, con la chimenea antepuesta a la escalera, una escalera que cada dos peldaños se transforma en librería. A destacar como los troncos de los árboles que se cortaron para poder hacer la casa se les mantiene en pie, contra la pared, como auténtica memoria del lugar. Imágenes del comedor, la cocina y el aseo de cortesía que deja la pica fuera.

Cor-ten blind system that can simultaneously close up the house and keep it ventilated.

Sistema de persianas de corten que permite cerrar la casa y ventilarla a un tiempo.

Images of the master bedroom and bathroom, finished off in various ways.
Imágenes del dormitorio principal y de su baño, resueltos de maneras diversas.

Chill-Out with the seaside pool and terrace.
Home cinema and guest room.

Terraza chill out con bañera de hidromasaje (seaside de la casa Teuco).
Sala home cinema y habitación de invitados.

Rear elevation, a clear homage to the facade of the Gobierno Civil in Tarragona by Alejandro de la Sota.

Sistema de persianas de corten que permite cerrar la casa y ventilarla a un tiempo.

Ideas swing from project to project like Tarzan from vine to vine. If indeed we decided to show this mass-glass model here, it is because we are now planning a 14,000-m2 office building in the center of Barcelona thanks to all we learned on this project which we could not bring to bear. 3D image of the pavilion.

Las ideas saltan de proyecto en proyecto, como Tarzán hace lo propio, de liana en liana. Si hoy mostramos aquí esta maqueta del vidrio en masa es porque en este momento estamos proyectando un edificio ce de 14.000 m2 de oficinas en el centro de Barcelona con todo lo que aprendimos en este proyecto y no pudimos llevar a cabo. Imagen 3 D del pabellón.

Images of the interior of the finished project.
Imágenes del interior de la obra acabada.

This pavilion is an annex to an existing house and consists of a ground-floor body, which stores part of the owner's car collection, and the pavilion itself that is used for throwing parties or enjoying family film night. The pavilion has an open floor plan: a bathroom and a kitchenette close off one of the smaller sides, leaving the rest as a single space. Two of the pavilion's facades are solid and lined in green slate, while the other two open up from floor to ceiling onto the garden and pool. Originally the two solid walls were going to be made of 20-cm thick silicone glass, which would give the entire pavilion a disembodied appearance through different applications of the glass itself.

El pabellón es un anexo a una vivienda existente y consta de un cuerpo bajo, en el que guardar parte de la colección de coches del propietario, y del pabellón, propiamente dicho, para hacer fiestas o ver cine en compañía de la familia. El pabellón tiene planta libre: un aseo y una kitchenette cierran uno de sus lados menores, dejando el resto como un único espacio. El pabellón tiene dos de sus fachadas ciegas, forradas en pizarra verde, mientras se abre, en sus otras dos, de suelo a techo, al jardín y la piscina. Originalmente estaba previsto que las paredes ciegas fueran construidas en cristal siliconado a cara, de 20 cms. de espesor, lo que daba a todo el pabellón un aspecto incorpóreo, con la utilización de distintas aplicaciones del cristal.

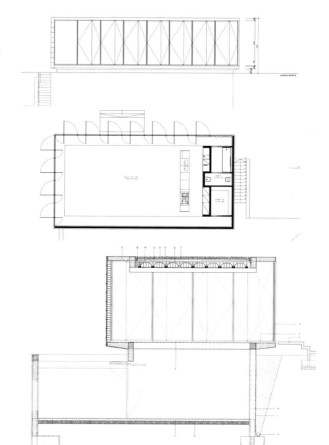

L'AMETLLA
2005-2006
archs: O. Mestre, A. Lluch
Photo: Octavio Mestre

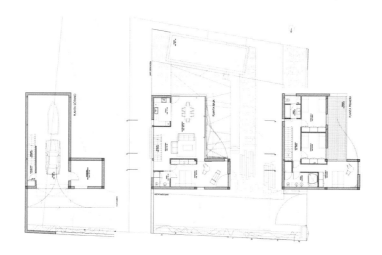

A house whose sizeable degree of cost containment (the measurements of the bays were determined by the standard measurements available on the market, so as not to make them more expensive) was resolved in a conventional program - after a career of over 20 years, one discovers that in the end each of our personal desires ends up being like everyone else's. This house is similar to the others; it has the same air as its sisters. A body with three levels encompassing part of the program (through which the parking area is accessed) is attached to another with a porch on the ground floor and a terrace off the bedrooms on the next floor up. The mandatory shingled roof is there but remains out of sight behind a masonry ledge. An exercise in minimalism (especially budgetary).

Casa en la que, con una gran contención de medios (las medidas de las crujías la determinan las medidas estándar de mercado para no encarecerlas) se resuelve un programa convencional -después de mas de 20 años de ejercicio profesional, uno descubre que, al final, los sueños privados de cada uno acaban siendo como los de todos-. La casa se asemeja al resto, tiene el aire de sus hermanas. A un cuerpo de tres alturas que engloba parte del programa (por el que se efectúa el acceso al aparcamiento) se le anexa el otro con su porche en planta baja y la terraza de los dormitorios, en la planta piso. La obligada cubierta de teja está pero no se ve, tras el antepecho de obra. Ejercicio de minimalismo (también presupuestario).

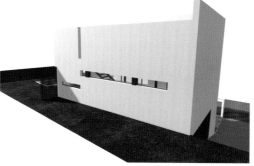

AIGUA XELIDA
2005-2008
archs: O. Mestre, Fco. Soppelsa
Photo: Octavio Mestre

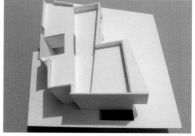

A house whose extensive program forms part of the poetic vision of the other houses being shown here, this time part of the bodies have been rendered together and part have been lined in cor-ten steel, according to a system of perforated sheet metal blinds which can either fold up or be drawn. The house consists of three levels, one buried yet made visible by the garage ramp, thus framing the monumentality of the entrance, while the other two floors have uses common to this type of program. The overflowing swimming pool located on the rooftop determines the height that is open on the top floor, intended for the bedrooms, and also lets light and the sun's rays filter through its glass section on to the screen, the double-high wall of the living room located next to the library.

Vivienda de un extenso programa que participa de la poética del resto de las viviendas mostradas, en la que, ésta vez, parte de los cuerpos se estucan y parte se forran en acero corten, según un sistema de persianas que pueden plegarse o correrse, a voluntad, de planchas perforadas. La casa consta de tres plantas, una enterrada, pero que se hace aparente en la rampa del garaje, enmarcando la monumentalidad del acceso y las otras dos, con los usos habituales en este tipo de programas. La piscina desbordante, situada en la azotea, determina las alturas libres de la planta superior, destinada a los dormitorios, y deja filtrar la luz y los rayos de sol a través de una parte acristalada, usando como pantalla el muro a doble altura del salón, situado junto a la biblioteca.

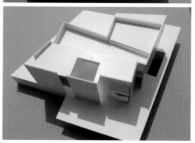

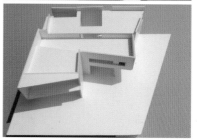

SANT CUGAT
2005-2009
archs: O. Mestre, A. Lluch
Photo: Octavio Mestre

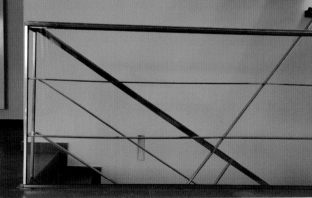

Ilmages of the double-high space in the entrance vestibule with the glass walkway that should provide access to the future library.

mágenes del doble espacio del vestíbulo de entrada con la pasarela de cristal que debe de de servir de acceso a la futura biblioteca.

Several images of the master bedroom, dressroom, bathroom and privated studio.
Diversas imágenes del dormitorio principal, el vestidor, baño y estudio privado.

3D images which demonstrate the house's transparency, the denial of the house's appearance as seen from the street (where it nearly disappears) and the volume of the entire project where everything is buried yet open at the same time, like a mouth in the landscape.

Imágenes 3D en las que se aprecia la transparencia de la casa, la negación de apariencia de la casa vista desde la calle (desde donde casi desaparece) y la volumetría de conjunto en la que toda ella se entierra y se abre, a la vez, como una boca al paisaje.

The ground rises to allow a roof to be made (finished in the same material as the entrance), below which is a two-storey house built for a contractor friend in the area, who in turn built our house in Tamariu. The completely glass facade opens to the sea and is closed off from the street side thanks to topographic features in the terrain. A mouth (another piece of rising ground) shapes the roof of the parking area, while the other side has a staircase to access the other floors that follows the slope, leading us down to the sea. The house's radical nature, stretching the limits of the building code, forced the second version up for approval to be more restrained (like the second serve in a tennis match). We were not commissioned for the construction management.

Un suelo que se levanta permite hacer una cubierta (acabada con el mismo material del acceso) debajo de la cual se ubicará la casa de dos plantas para un contratista de la zona amigo, quien a su vez nos ha hecho nuestra casa de Tamariu. La fachada completamente acristalada se abre al mar y se cierra a la calle por la propia condición topográfica de la parcela. Una boca (otro suelo que se levanta) conforma la cubierta del aparcamiento, mientras, del otro lado, una escalera que sigue la pendiente nos lleva al mar y sirve de acceso a las otras dos plantas. La radicalidad de la casa, apurando la normativa hizo que la segunda versión presentada a licencia tuviera que ser más comedida (como el segundo saque en los partidos de tenis). No se nos encargó la dirección de obras.

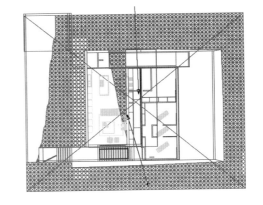

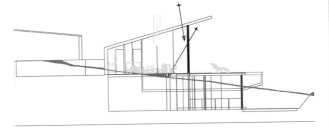

ST. FELIU DE GUÍXOLS

2007

archs: O. Mestre, Manu Pineda

Renovation of an existing house from the sixties. Its expansion called for one body to be bedrooms and a part of the house to be finished in cor-ten steel and part in clear wood, in a way that the original volume is completely unrecognizable. This is perhaps the least white of the houses, but one must keep in mind that white is found in all the colors. Various versions of the project (situating the living room upstairs to have better views, or downstairs to enjoy direct contact with the garden) came up against a strict municipal building code and a fearful interpretation that saw the house to be "more an auditorium than a house", despite being barely visible from the street behind the fence and hedges. It is fascinating to see the amount of energy lost in legislation and the desire that some have to control everything. A second, more restrained version was resorted to in which the slope of the roofs can be identified and stone siding in colors similar to that of the local stone was indeed worthy of license. This is what we call "the possible real". The crisis that we are currently enduring has since paralyzed the construction of this house and countess others. This is what I call the "the impossible real".

Reforma de una vivienda existente de los años sesenta con ampliación de un cuerpo para dormitorios, en la que parte de la casa se forra en acero corten y parte se forra en madera clara, hasta hacer irreconocible la volumetría original. Es, quizás, la menos blanca de las casas, pero es que hay que tener en cuenta que el blanco contiene todos los demás colores. Las varias versiones del proyecto (situando el salón arriba para disponer de mejores vistas o abajo, para disfrutar de contacto directo con el jardín) chocaron con una rígida normativa municipal y una interpretación miedosa que entendió que la casa parecía "más un auditorio que una casa", por más que apenas es aparente desde la calle, tras la valla y los setos. Hay que ver la cantidad de energía que se pierde en legislar y las ansias de controlarlo todo que tienen algunos. Una segunda versión más contenida, en la que se reconocía la pendiente de las cubiertas y se recurría a un aplacado de piedra, en colores similares a los de la piedra local fue merecedora de licencia. A eso es a lo que llamamos "lo real posible". La crisis por la que atravesamos ha paralizado la construcción de esta casa y de tantas otras cosas. A eso es a lo que llamo "lo real imposible".

COLLBATÓ

2008-2009
archs: O. Mestre, Fco. Soppelsa
Photo: Octavio Mestre

Image of the first version in which the unit was lined in cor-ten and maple wood, and the body seemed cleanly counterpoised, as Kahn did with his two volumes in the Fisher House. In front of the house the holy mountain of Montserrat.

Imagen de la primera versión en la que el conjunto se forraba de corten y madera de arce, y el cuerpo parecía netamente contrapuesto, como hace Kahn con sus dos volúmenes de la Casa Fisher. Al fondo, la montaña de Montserrat.

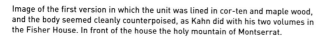

White

Year after year I have perceived there to be an excess of regulation, a certain zeal by the government to control everything, at the root of which lies a fear of liberty... Building licenses are - and ought to be - regulated. But without architects who can apply them in a flexible and intelligent manner, we could end up having building license vending machines, such as those in the United States that have been replacing judges for separations of mutual accord. And even worse is when urban development is not determined from the point of view of the project. This division of powers dilutes responsibilities under what the army calls due obedience and civil society refers to as a division of functions: The judge doing the judging does not draft the law, "dura lex sed lex", nor is it he who executes the one ordering executions. But among architects who draft building codes and architects who apply them, or among musicians who compose and those who perform it, when the music sounds bad, it means something is wrong. Furthermore, I am also entirely convinced that there are no worse architects in the government than in those standing in front of them, on this side of the counter, much in the same way that the politicians we have are no worse that those they represent. With view to the enormous amount of current production, you sometimes understand the great desire to legislate and the need of some to preserve everything. But how to reconcile the facts...?

Building licenses are regulated. And they specify, in many of the municipalities where we work, that the building will finish off "in a slope and topped with Moorish roof tiles". But today there are materials which can comply with the same function as these roof tiles, roofs which function perfectly, ones which are more modern and surely more in step with the architecture of our times. There are determined architecture styles in which the use of roof tiles is not precisely conceived to be an aid, as they do not belong to its formal vocabulary. And this is not because roof tiles, a thousand-year-old invention like no other, do not function. It is simply not the most appropriate material for what this particular architecture would like to express.

And architecture, like it or not, is a cultural product, a child of its time. And there are nuances. A single erroneous brushstroke can destroy the most delicate watercolor... One learns by reading Kundera that in life "once is only once". It is not much different in architecture. For that building you do not build, another will come along and build one in your place. And all you take for granted in one place you wouldn't dare do so in another. You don't have the luxury of regretting the mistakes you have made. "There is no choice: you have to choose". Everyday, a thousand times... Today they're still building walls made of perforated brick, but also ones with sandwich panels and sheet metal. And they still plan around crossed ventilation, even though modern air conditioning systems help resolve more than one situation. Loft-type apartments still provide the answer to industrial logic, fruit of the reconversions in the world we live. And even the most ardent detractors of civilization not only travel by car, even by plane to the anti-globalization demonstration and then watch what they have just taken part in on the nightly news, almost in real time.

With zeal to legislate and control, some regulations even specify the color to be employed. And they suggest earth tones, as a lesser evil, to better blend houses into the environment. This is why more and more houses are being painted in this range. Any color except white. They single out the color for their fear of the modern. There are even municipalities on the Catalan coast which are studying the possibility of no longer painting houses bottle green so that can't be seen from the sea amidst the pines. And as building codes are copied from one another, the errors get passed from one town to the next, spreading like an oil slick, gangrene or cancer. It is true that white houses represent the modern movement. White are the houses of Le Corbusier, the "White Villas" a generation of architects learned to plan their projects around. White are those of Gropius from the Bauhaus, and those of Alvar Aalto, and more recently, Siza Vieira or Souto da Moura in Portugal or Pawson and Chiperfield in England. I would like to shy away from local references, but it would do no harm to speak of the work of Sostres or that of Coderch (how horrible the Ugalde, Catasús, Uriach or Rozes houses must seem to those who don't like modern architecture, so white, so defiant) or the magnificent inward-looking houses of Campo Baeza. But also look how white the houses on Mikonos and Santorini in Greece are, or those on Ibiza and Menorca in the Balearics. White are the houses of Andalusia and those of Tunisia, not to mention the houses in the old town centers of Cadaqués or Llançà. White is a clean color, an affirmation of its state as a building (I'm convinced they're afraid) and what's more, it is cooler in summer. Let's not make life into something gray.

A building, in consolidated surroundings, must blend into its context. Few aspects are as crucial in helping it do so as color. Although sometimes one might decide to integrate for opposition reasons, denouncing the vulgarity of its surroundings. Thus there are buildings which hide in a shell and turn inward, along the strategic lines of the snail, while others opt to defend themselves and show their spikes, like the armadillo. But it is enough for an isolated townhouse to comply with certain standards. From there it will be the expertise and the know-how of the planners - and the builders - so that the result becomes exemplar and a benchmark, or once again, the opposite.

Blanco

Percibo, año tras año un exceso de reglamentación, unas ansias por parte de la administración de controlarlo todo, un miedo, en el fondo, a la libertad... Las licencias son - y deben de ser- regladas. Pero sin arquitectos que las apliquen, de manera flexible e inteligente, podría recurrirse a máquinas expendedoras de licencias, como esas que en los Estados Unidos sustituyen a los jueces en las separaciones de mutuo acuerdo. Y malo cuando el urbanismo no se resuelve desde el proyecto. Esa división entre poderes diluye responsabilidades bajo lo que, en el ejército, llaman obediencia debida y, en la sociedad civil división de funciones: ni el juez que juzga es quien redacta la ley, "dura lex sed lex", ni el que fusila es quien ordena el fusilamiento. Pero entre arquitectos que redactan normativas y arquitectos que las aplican, entre músicos que componen y músicos que interpretan, cuando la música suena mal es que hay algo que no funciona. Y de lo que también estoy convencido que no hay peores arquitectos en la administración que delante, de este lado del mostrador, de la manera en la que los políticos que tenemos no son peores que aquellos a quienes nos representan. Vista la enorme producción actual, entiendes a veces, las enormes ansias de legislar, la necesidad de algunos por preservarlo todo. Pero ¿cómo conciliar los hechos?...

Las licencias son regladas. Y especifican, en muchos municipios en los que trabajamos, que los edificios se acabarán "en pendiente y se cubrirán con teja árabe". Pero hoy, hay material que permiten cumplir la misma función de la teja, cubiertas que funcionan perfectamente, q son más modernas y seguramente por ello, más acordes con la arquitectura de nuestro tiempo. Hay determinadas arquitecturas en las que el uso de tejas no ayuda precisamente, a no ser éstas parte de su vocabulario formal. Y no porque la teja, invento milenario donde los haya, no funcione, sino porque seguramente no es el material más adecuado a cuanto esa arquitectura quiere expresar.

Y la arquitectura, les guste o no a muchos, es un producto cultural, hija de su tiempo. Y la co va de matices. Una sola pincelada en vano puede destrozar la más delicada de las acuarelas. Uno aprendió, leyendo a Kundera que en la vida "una vez es sólo una vez". Y no es muy distir en arquitectura. El edificio que no has construido, otro lo hará en tu lugar. Y cuanto no has contado en un lugar, deberás de contarlo en otro. No hay posibilidad de reparar los errores cometidos. "No hay elección: has de escoger". A diario, miles de veces... Hoy se sigue construyendo con paredes de ladrillo gero, pero también con panel sándwich y chapas metálicas. Se sigue pensando, al proyectar, en la ventilación cruzada, pero los modernos sistemas de aire acondicionado ayudan a resolver más de una situación. El apartamento tipo "loft" no deja de responder a una lógica industrial, y es fruto de las reconversiones del mund en que vivimos. E incluso los más furibundos detractores de la civilización no sólo van en coche, sino en avión, hasta el lugar de la manifestación antiglobalización y, luego, ven las noticias por la televisión, de cuanto acaban de protagonizar, casi en tiempo real.

Con la voluntad de legislar y controlar, algunas normativas especifican incluso el color a emplear. Y propugnan colores tierra, como un mal menor, para así integrar las casas en su entorno. Por eso, cada vez hay más viviendas que se pintan con esta gama. Cualquier color menos el blanco. Se meten con el color por miedo a lo moderno. Incluso hay municipios de la costa catalana en los que están estudiando la posibilidad de dejar pintar las casas verde botella para que no se vean desde el mar, entre los pinos. Y como las normativas se copian unas a otras, copian incluso los errores que pasan de municipio a municipio, como se extiende una mancha de aceite, como una gangrena, como un cáncer. Es cierto que blancas son las casas del movimiento moderno. Blancas son las casas de Le Corbusier, las "Villas blancas" con las que aprendimos a proyectar generaciones de arquitectos. Y blancas son las casas de la Bauhaus, y las de Alvar Aalto y, más recientemente, las de Siza Vieira o las de Souto da Moura en Portugal o las de Pawson o Chiperfield, en Inglaterra. Me gustaría rehuir de referencias locales, pero no me costaría hablar de la obra de Sostres o la Coderch (qué horrorosas deben de parecerles a quien no le gusta la arquitectura moderna las casas Ugald Catasús, Uriach o Rozes, tan blancas ellas, tan desafiantes) o las magníficas y ensimismadas casas de Campo Baeza. Pero es que blancas son, también, las casas de Mikonos y las de Santorini en Grecia, y las de Ibiza y las de Menorca en Baleares. Blancas son las casas de Andalucía y las de Túnez y, también son blancas las casas del casco viejo de Cadaqués o de Llançà. El blanco es un color limpio, es afirmación del hecho de construir (sostengo que tienen miedo) y es, además, fresco en verano. No convirtamos la vida en algo gris.

Un edificio, en un entorno consolidado, debe integrarse en su contexto. Y pocos aspectos tan determinantes como la elección del color para ayudar a que así sea. Aunque a veces uno decida integrarse por oposición, denunciando la vulgaridad de su entorno. Así hay edificios que se esconden en su caparazón y se vuelven ensimismados, según la estrategia del caracol y otros, se defienden, mostrando las púas, según la del armadillo. Pero a una vivienda unifamiliar aislada le bastaría con cumplir ciertos gálibos. A partir de ahí, será la pericia y el buen hacer de quienes la proyecten -y de quienes la construyan-, para que el resultado sea ejemplo y referencia o, una vez más, su reverso.

Octavio Mestr